製菓製パン

おもてなしの心を大切に

ワクワク接客講座

POINT 24 ポイント

山田みどり 著

おもてなしの心を大切に

ワクワク接客講座

●目　次

《イラスト／松永るみ子》

あなたの店の

経営理念・社是・社訓

●経営理念とは会社が企業活動を行うことによって、社会に果す役割、使命を表したもの。

●社是・社訓とは社員の心がまえ、行動指針を表したもの。

第1章

基礎編

接客応対のイロハ

1 接客と切客の分かれ道を考える

◆まず明るくお迎えする

　商品やサービスを売っているお店では「接客」がとても大切な仕事です。魅力的な商品を製造したり、仕入れて、店頭に並べ、それをお客様に買っていただくわけですが、心から満足していただけるように、お手伝いしていくのが「接客」です。時には、商品が魅力的であっても、お客様が満足しないで帰る場合があります。それは「接客」に何らかの問題があったわけで、これでは「切客」になってしまいます。

　「接客」はお客様が入店した時に、すでに始まっています。

　店内の整理整頓・清掃はもちろんのこと、一番大切なのは、従業員、販売員、店員の気持です。昨日の疲れやイヤなことを引きずった顔をしていませんか。もう今日は新しい一日が始まっています。気分を入れ替えて、明

▲一回一回の販売を大切に

るくお迎えするのが、足を運んでくださったお客様へのおもてなしであり、接客の第一歩です。

◆「客」を「ファン」に変えるには

心は不思議なもので、必ず顔や言葉づかい、身だしなみ、そして行動にも現れます。楽しい気持の時は、顔もほころび、身だしなみもきちんとしていますし、乱暴な言葉づかいや行動も出ません。逆にイライラしていたり、面白くない時、悲しい時などは、顔も曇り、言葉も少なめ、つっけんどんな言

▲明るく、元気で、素直に、楽しく

動をしがちです。これではお客様に迷惑をかけてしまいますね。

お客様は、魅力的な商品をいつも楽しく買いたいと思っています。そして、時には、お客様の気持がふさいでいたり、乱暴な時もあるかもしれません。でも、それをお店の人たちの明るさで吹き飛ばしてあげるくらいの心づもりがあれば、お客様はますますお店のファンになることでしょう。

人と接する上で、基本的には「明るく、元気で、素直に、楽しく」という気持をいつも忘れず、一人一人のお客様、一回一回の販売を大切にしていくことが「接客」の原点なのです。

※あなたのお店の接客について自己採点して下さい

	《接客の基本》チェックリスト	良い	普通	悪い
1	服装など身だしなみは清潔感がありますか			
2	明るい挨拶ができていますか			
3	言葉づかいはハキハキしていますか			
4	動作はキビキビしていますか			
5	笑顔で応対していますか			
6	金銭授受が基本どおりできていますか			
7	お客様の心の動きをつかんでいますか			
8	お店の代表者という自覚がありますか			
計	良い2点、普通1点、悪い0点			

◆総合評価
- 16～13点☞好感度接客です
- 12～8点☞もう一歩の努力
- 7～0点☞基本のマスターを

2 お客様を満足させることば遣いと話し方

◆安心感を与えることば「はい」

接客業では、何かを伝える時に、「話す」ことが重要な役割をします。そして、人間は感情の動物、他人の一言で気分よくなったり、傷ついたりします。来店したお客様に満足してもらうためには、まず安心感を与えることです。商品の日持ちは大丈夫だろうか、あるいは、まちがわずに詰め合わせてくれるだろうか等々、お客様の不安を取り除く、第一歩のことばが「はい」の受け答えです。

「何々をお願いします」と商品を依頼した時に、店員が無言で次の動作に移ると、たちまち心配になったり、不快感を覚えたりします。

用件を承ったときには「はい、かしこまりました。こちらですね」の一言が、安心感を高め、信頼となります。「かしこまりました」は「わかりました」よりも、相手に敬意が伝わります。そして、「こちらですね」は商品の

▲ことばと動作で好印象を

確認をした反復話法ですが、この一言、一動作が、好印象を与える販売となります。

◆商売では否定語よりも肯定語を

「できない」「わからない」「ダメ」「まずい」などの否定語やマイナスイメージのことばは接客では禁物です。このようなことばは、心理的に抑制してしまうので、行動も消極的になってしまうからです。来店したお客様には、楽しく買物をしてもらうことが基本で、そのためには、考えや行動が積極

◆基本接客用語《好ましい言い方》

誰→どなた・どちらさま
みんな→皆様
こっち→こちら
どっち→どちら
お客→お客様
です→ございます
する→いたします・させて頂きます
どうですか→いかがですか
わかる→かしこまる
言う→おっしゃる
聞く→承る
できない→できかねる
〜してください→〜していただけますか

的になるプラスイメージのことばが適しています。「これはとても良いですよ」とか、「おいしい」「素敵」「素晴らしい」等です。また、何かをお断りしなければならない時は、「できかねます」「しかねます」「わかりかねます」等の婉曲話法が便利です。これは、相手の意をストレートに否定しない、遠回しの言い方です。別表のように、敬語はもちろんのこと、接客用語なども使いこなせれば怖いものなしです。

何といっても話し方やことば遣いは、わかりやすく、誠意が伝わることが一番ですが、さらにことばを磨いて接客上手になりたいものですね。

※あなたのお店の接客について自己採点して下さい

	《ことば遣い・話し方》チェックリスト	良い	普通	悪い
1	相手が理解しやすいよう、わかりやすく話していますか			
2	お客様の目を見て、話していますか			
3	正しい敬語を使っていますか			
4	口先だけでなく、表情・動作とともに気持ちを伝えていますか			
5	なるべく否定語を使わないようにしていますか			
6	専門用語を乱発しないようにしていますか			
7	乱暴・無愛想な応対をしていませんか			
8	心の暖まるような話し方を心がけていますか			
計	良い2点、普通1点、悪い0点			

◆総合評価
- 16～13点☞好感度接客です
- 12～8点☞もう一歩の努力
- 7～0点☞基本のマスターを

③ スマイル（笑顔）がお店の繁盛につながる

◆スマイル（笑顔）が活気を生む

「販売の3Ｓ」をご存知ですか。スマイル（笑顔）、スピード（迅速さ）、シンセリティ（誠意）のことで、英語の頭文字がＳで始まるので3Ｓといっています。接客業やサービス業に関わる人には、基本中の基本です。

今回はスマイル（笑顔）について考えてみましょう。世の中いまだ、不透明、不安定、不確実な時期が続いていますが、こんな時だからこそ、お客様を安心させ、暖かくおもてなしすることが、お店の繁盛につながっていきます。「商売とは笑売だ」という人もいます。人は誰しも、暗いよりも明るい方が好きです。人間の本能ですね。もちろん、お客様も暗い店より、明るい店が好きに決っています。人が集まりやすい、ゆっくり滞店できる明るい店のポイントは、まず店内の笑顔のサービスから始まるといっても過言ではないで

▲「商売は笑売」スマイルを忘れずに

しょう。ニコニコ明るい笑顔は、お客様さまだけでなく、自分の心にも活力を生み出します。

◆笑顔のトレーニングをくり返す

さて、それでは日々笑顔で接客するためには、どうしたら良いでしょうか。人の心を動かす笑顔には、健康が必要です。

規則的な生活や、体力、前向きな心が健康を保持し、さわやかな笑顔を作ります。お客様の心を受け止める素直な気持ちも良い笑顔となるでしょう。

笑顔の苦手な人、あるいは体調が悪く、笑顔がなかなか出にくい時は、意識的に笑うことをおすすめします。顔の筋肉が硬直しているので、表情がとても無愛想になっていますから、笑顔の練習で筋肉をほぐすのです。できれば鏡を見ながら、「ウイスキー」「チーズ」と何回か唱え、口の形を横に開きます。何とソウルでは、「キムチ」といって練習しているそうです。毎日のくり返しが、笑売人の顔となり、心とともにやがて和顔となっていきます。和顔とは、自然に人を引き寄せる顔のことです。

○いつもニコニコ（繁盛する店）		×いつも無愛想（繁盛しない店）
●表情がやわらかい	売る人 ◀	●表情が硬い
●活気・賑わい性が出る	店舗 ◀	●活気・賑わい性がない
●商品が魅力的になる	商品 ◀	●商品に魅力が出ない
●安心し、くつろげる／ゆっくり見られる／相談しやすい／満足度が高い／また来たくなる	お客様	●緊張する／落ち着かない／相談しにくい／不満・不信感が残る／もう来たくない

※あなたのお店の接客について自己採点して下さい

	《笑顔のサービス》チェックリスト	良い	普通	悪い
1	快眠・快食・快便を心がけていますか			
2	開店準備は時間内にできていますか			
3	開店前にスマイルのウォーミングアップをしていますか			
4	今日は何の日？　365日を考えていますか			
5	「いらっしゃいませ」「ありがとうございました」は感謝が伝わる笑顔ですか			
6	どのお客様にも素直な気持ちですか			
7	閉店まぎわ、笑顔が出ていますか			
8	忙しい時ほど笑顔を出していますか			
計	良い2点、普通1点、悪い0点			

◆総合評価
- 16～13点☞千客万来です
- 12～8点☞もう一歩の努力を
- 7～0点☞笑顔の練習から

4 心も商品も売場もピカピカに磨いて

象は強く、購買行動に影響します。

「見る」ということは、自然に目に飛び込んでくるものから意識的に観るものまで広範囲です。それは、商品であったり、店内の壁や床や展示物であったり、販売員の身だしなみ、表情、動作であったりです。見落としがちなのが出入口や店舗前の清潔感です。これらのすべてがミックスされて、いい感じ、悪い感じというムードやイメージを作っているのです。

◆清潔さが購買行動を左右する

ニコニコ笑顔で接客できたとしても、食品の販売では、店内に清潔感がないと、お客様の購買意欲が減退してしまいます。これは、いいお店だな、いい接客だな、いい商品だなと感じる時に、知らず知らず五感がはたらいているからです。五感とは、視覚、聴覚、嗅覚、触覚、味覚のことで、なかでも視覚の印

▲「いい感じ」は視覚から

◆日々の清潔感の提供が大切

オープン前に、身だしなみチェック、店内の清掃、商品の整理整頓を行ない、清潔感を提供しましょう。営業中も気を配りましょう。

特にオープンケースは、商品が乱れますので整理整頓をしながら陳列の手直しをしましょう。お客様の目につきやすいのがショーケースのガラス面です。指の跡がついたり、汚れていると、おいしさが半減してしまいます。

ケース内の商品も売れていきま

▲ケース内、レジ回りに至るまで細かい気配りが行きとどいている。清々しい雰囲気が店格を感じさせる例

すので、前面から見て、見苦しくならないよう、その都度、手直しをしましょう。店内では、前月のポスターや季節はずれの陳列小物など取り忘れていませんか。

レジ回りもお客様の目につきやすい所です。包装用品や備品が所狭しと置いてあって、お届け承り伝票などがまぎれ込んでいるという乱雑な光景は興ざめですね。清潔感が失われるだけでなく、この店や販売員に任せて大丈夫なのかしらといった不安感を持たせてしまいます。

清潔感は商品鮮度やグレードアップ、店格、好感度接客につながります。一日に何回かはお客様側からの視線で店内を見るようにすると気づくことも多いものです。

※あなたのお店の接客について自己採点して下さい

	《店内の清潔感》チェックリスト	良い	普通	悪い
1	爪・手・髪・服装などの清潔感がありますか			
2	店頭や床面は、清掃がいき届いていますか			
3	ショーケースのガラスはきれいですか			
4	商品上のほこりは、はらってありますか			
5	商品の陳列に乱れはありませんか			
6	プライスカードなどのPOPは曲がっていませんか			
7	レジ回りは整頓されていますか			
8	包装用品などの備品は定位置にありますか			
計	良い2点、普通1点、悪い0点			

◆総合評価
- 16〜13点☞ピカピカの好印象です
- 12〜8点☞もう一歩の努力
- 7〜0点☞まめに動きましょう

5 金銭、商品の取り扱いにも気配りを

◆代金や釣銭は明確に

お買上げ後の金銭や商品の受け渡しの良し悪しが、お客様の満足感を左右します。

お買上げ金額は、はっきりと「千五十円でございます」とお客様に伝えましょう。お金を預かったら、金種を確かめて、例えば「五千円お預かりいたします」と言います。金種をはっきり言うことで、お客様とともに耳からも金額を確認したことになります。おつりの返却分も入っていますから、頂戴しますではなく、お預かりしますですね。釣銭が必要でない場合は、「千五十円ちょうどいただきます」となります。釣銭を渡す時は、お客様の目の前で確認しながら、「五千円お預かりしましたので、三千九百五十円のお返しです」と言って、まず、お札から、そして硬貨を渡すとお客様も確認しやすくなります。お札の裏表や向きも揃えましょう。

▲釣銭は裏表、向きを揃えて…

カルトン（金銭皿）を使う場合は、釣銭が一目でわかるように置きましょう。

つい、うっかりが釣銭のトラブルにつながります。大きな札を預かった場合は、すぐレジに入れず、マグネットでレジに止めておきます。

◆商品の取り扱いにも接客力の差が…

店にある商品は、自店のものですが、お客様が買う決心をしたら、もう心理的に、商品はお客様のもの、そしてお金を渡したら、完全にお客様のものです。そんな商品

▲商品の受け渡しは両手で。重いものはケースごしではなく脇に出て渡す

をお客様から受け取ったり、あるいは包装して渡す時に乱暴だったりすると、お客様はとても不愉快に感じます。

安価な商品でも商品の受け渡しは、両手で取り扱うことが原則です。片手渡しをするとせっかくのイメージが、最後にダウンしてしまいます。

また、ずっしりと重い商品は、ハイケースごしに渡すと、お客様が非常に負担を感じます。できれば脇に出て、低い位置で渡すと、楽に受け取ることができます。

※あなたのお店の接客について自己採点して下さい

	《金銭・商品の取り扱い》チェックリスト	良い	普通	悪い
1	代金をはっきり言っていますか			
2	預かり金額を確認して、明確に言っていますか			
3	釣銭を確認しながらお客様に渡していますか			
4	札を数えてお客様に渡していますか			
5	商品は両手で受け渡ししていますか			
6	商品はお客様が持ち運びしやすいように留意していますか			
7	商品の鮮度に留意して、お客様に渡していますか			
8	売場の商品の汚損・破損がないよう留意していますか			
計	良い2点、普通1点、悪い0点			

◆総合評価
- 16～13点☞確実で安心できます
- 12～8点☞もう一歩の努力
- 7～0点☞基本のマスターを

6 お客様の心の動きをキャッチしよう

◆購買心理をキャッチする

商品を買う時のお客様の一般的な心の動きを表したものに「アイドマの法則（購買心理の段階）」があります。これは、図のようにA（ATTENTION＝注目）からI（INTEREST＝興味）、次にD（DESIRE＝欲望）、そしてM（MEMORY＝記憶）、A（ACTION＝行動）へと心が高まっていく

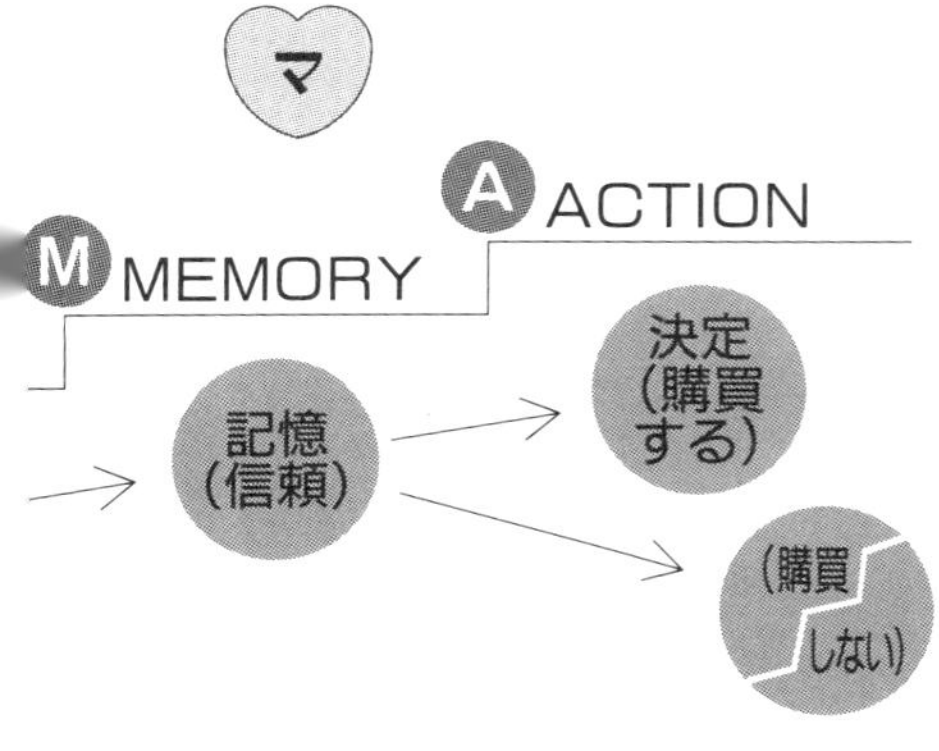

段階を示したものです。

なじみ客や目的買いの場合はこの限りではありませんが、ケースの前に立ち、商品を眺めている時などは、お客様はこのような心の動きをしています。

では具体的にその段階を追ってみましょう。店構えや看板を見て判断し、入店したお客様は、まずキョロキョロとあたりを見回し情報をキャッチします。これが「注目」の段階です。ある商品に目がとまり、興味を覚えます。「おいしそうだな」「どのような味なのかしら」という気持ちになった時が「興味」の段階です。

お店の人に質問して、目ではわからない情報を得ます。お客様の期待と合えば、欲望が

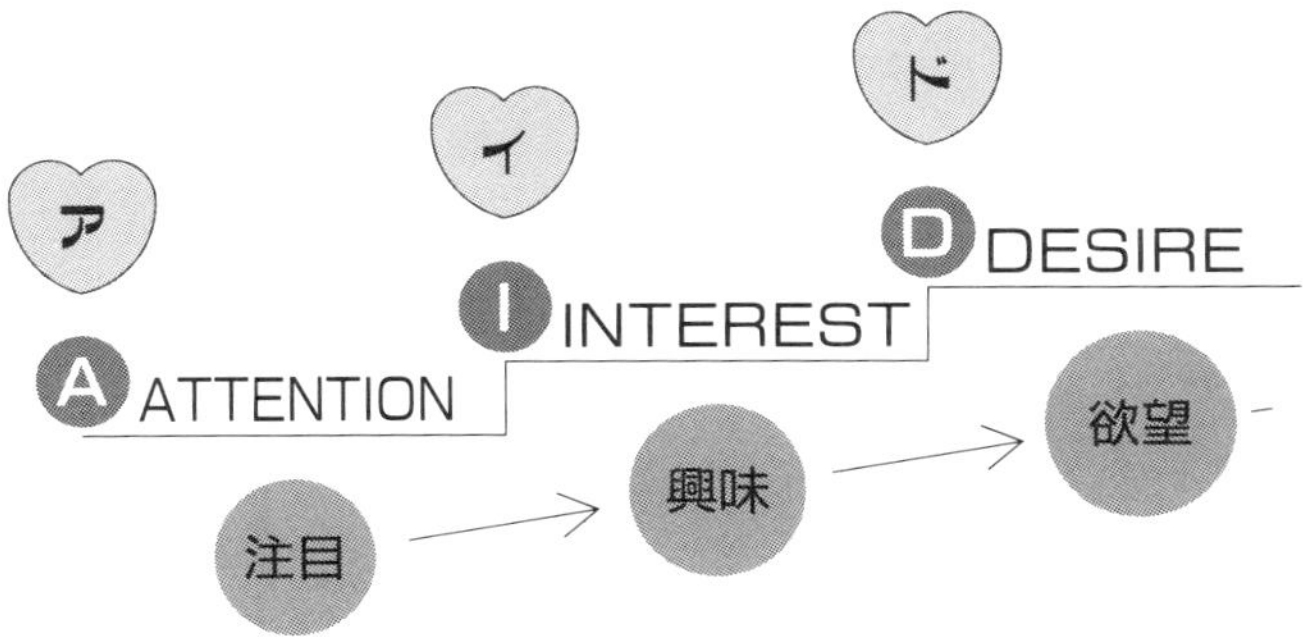

▲「アイドマの法則」を知っていれば素早く対応できる

刺激されます。そうでなければ、ここでストップ、他のものに目が移ります。欲望がわいている時には、よりよいものを手にしたいという気持もはたらき、同じ類の商品を比較したり、価値の検討をしたりもします。これが「欲望」の段階です。

いろいろな情報を得て、それらが頭の中に瞬時に記憶され、判断していきます。これが「記憶（信頼）」の段階です。

そして最後に「行動」の段階で、購買を決定したり、あるいは購買をしなかったりとなります。すべてのお客様がいつもこのような行動をとるわけではありませんが、基本的なお客様の心の動きをキャッチして、素早く対応できるようにしたいものです。

※あなたのお店の接客について自己採点して下さい

	《心のキャッチ度》チェックリスト	良い	普通	悪い
1	アイドマの法則とは何かを知っていますか			
2	入店したお客様の目の動きや体の動きを察知していますか			
3	お客様の足や目が止まった時に、「声がけ」をしていますか			
4	お客様が関心を持つ商品のセールスポイントを訴求していますか			
5	お客様が比較している時には、それぞれの商品の特徴を明確に伝えていますか			
6	決めかねている時に、何が問題なのかを把握しようとしていますか			
7	問題点を納得してもらえるような説明をしていますか			
8	どんな時でも満足度がアップするような一言を添えていますか			
計	良い2点、普通1点、悪い0点			

◆総合評価
- 16～13点☞好感度接客です
- 12～8点☞もう一歩の努力を
- 7～0点☞お客様を好きになりましょう

7 セールスポイントで商品価値を高める

◆商品訴求のひとことが心を動かす

菓子売場の商品訴求のしかたは、さまざまです。商品訴求は、陳列のしかた、POPばかりではありません。接客中のひとことがお客様の心を動かすことがあります。

入店客数の多い大型店では、通行人に各個店で声がけをしています。例えばある店では、「お日持ち、三週間は大丈夫ですよ。こちらだけのご紹介となっています」とスマートな口調でPR。一方ワゴンセールでの訴求の一声は「さあ、○○のえびせんよ。食べて」と親しみやすさで賑わい性を演出しています。別の店では「できたてのカスタードです」と通行人を呼び止めています。

このように、ひとこと商品をアピールすることで、お客様の関心度も高くなり、購買意欲も高まります。お客様は目から刺激を受けるだけでなく、耳からも刺激を受けるからで

▲豊富な商品知識で説得力アップ

す。商品を決めかねている時も訴求のひとことがあれば、お客様は助かります。

◆セールスポイントを身につける

お客様の質問の多くは、「日持ち」や「保存方法」「内容」「食べ方」などといったことです。お客様に聞かれて答える場合でも、こちらからセールスポイントとして訴求する場合でも、基本的な商品知識を身につけておかないと的確に答えられません。前述の事柄に加えて、原料、製造方法、用途などの知識もあれば、どんな質問を受けても安心です。

さらにそれぞれの商品で一番訴求したいことは何か、つまりセールスポイントを知っておきます。味についての表現はバリエーションが多いですから、自ら、試食して味わっておくと、お客様への説得力が出ます。

◆表現力を豊かにする

「おいしさ」を伝えるにしてもいろいろな表現のしかたがあります。例えば「甘味をおさえてあり、おいしい」とか、「まろやかな口あたりがおいしい」といった具合です。

言葉を増やし、表現力を豊富にする簡単なトレーニング方法があります。

それは、「一分間セールストレーニング10」といって、一分間に時間を区切り、一つの商品の良さを十個列挙していく方法です。最初は五、六個位しか出てきませんが、何回かくり返していくうちに、八、九個位まで出るようになります。こうなればあと一歩です。

たった一分間のトレーニングですが、継続することにより、発想の拡大や柔軟性を養うことになります。仲間とトレーニングしながら、比較してみると、それぞれのくせが見つかります。言い方や接客のワンパターンから抜け出すのにも役立ちます。商品の魅力を的確に捉え、個々の商品のらしさが伝われば万全です。

※あなたのお店の接客について自己採点して下さい

	《商品の訴求》チェックリスト	良い	普通	悪い
1	自店の商品に関心がありますか			
2	基本的な商品知識を身につけていますか			
3	季節の催事などを理解し、販売に活用していますか			
4	新商品はひとことPRしていますか			
5	迷っているお客様には、積極的にセールスポイントを伝えていますか			
6	お客様の反応を見ながら、セールスポイントをアピールしていますか			
7	試食して、商品研究をしていますか			
8	他店を見学して、商品研究をしていますか			
計	良い2点、普通1点、悪い0点			

◆総合評価
- 16～13点☞好感度接客です
- 12～8点☞もう一歩の努力
- 7～0点☞商品を好きになりましょう

8 セールストークは身近な話題から

◆「後良し法」ですすめる

地元以外のお客様は、買物をしながら、道をたずねることがあります。近所の道案内や最寄り駅への道順を的確に説明してあげられると、お客様は助かりますし、喜びます。何度もたずねられるということは、付近に目的地（例えば病院・会社等）があって通り道になっているわけですから、当店を利用してくれる特定のお客様と考えると良いでしょう。

セールストークの一つに「後良し法」というのがあります。これは商品説明をする時に使いますが、例えば生菓子や半生菓子を目の前にして「日持ちは短いですが、珍しいお菓子です」という言い方と「珍しいお菓子ですが、日持ちは短いです」と言った場合では、前者の方が購買意欲が高まります。最初に短所（日持ちは短い）を、最後に長所（珍しい）を言うわけですが、最後のことばが印象に残

▲道案内もセールストークのひとつ

りやすいからです。

お客様のニーズを的確につかみ「後良し法」を使って、販売を促進したいものです。

◆親しみを増す「お天気トーク」

セールストークというと、むずかしく考えがちですが、まずは身近なことを話題にすればよいのです。

地域に密着した店では、顔見知りの地元客がほとんどですから「親しみやすさ」が何よりも大切となります。年齢や性別に関係なく無難で身近な話題といえば、季節や日々の天気のことです。「いらっしゃいませ」の挨拶の後、「暑く（寒く）なりましたね」のひとこと

▲身近な話題を取り上げるのが親しさを増すコツ

が間合いを作り、お客様との会話の誘い水になります。「ええ」とか「ホントに」などと応じてくれれば、後はスムーズです。もし応じてくれなくても気にせず、お客様のことばを待ちます。

また、「洗濯日和ですね」「ゴルフ日和ですね」といったように、お客様の生活に密着した会話なら短くても親しみがわきます。

季節折々の花の話題もお客様の年齢に関係なく、自然に心が打ちとけます。

※あなたのお店の接客について自己採点して下さい

	《セールストーク》チェックリスト	良い	普通	悪い
1	季節感、日々の天気に敏感ですか			
2	季節に関する行事、ことば、商品を知っていますか			
3	接客時に顔や名前を覚えるように努力していますか			
4	新聞、TV、近所の話題をキャッチしていますか			
5	近所の道を聞かれた時に的確に説明できますか			
6	最寄りの駅への行き方を説明できますか			
7	お客様のことばを頭から否定しないように気をつけていますか			
8	ダラダラと長話しをしないようにしていますか			
計	良い2点、普通1点、悪い0点			

◆総合評価
- 16～13点☞親しみやすさ抜群です
- 12～8点☞もう一歩の努力
- 7～0点☞お客様を大切に

9 電話応対は早く、正確、丁寧に

◆声で明るいイメージを伝える

店内での接客は素晴らしいのに、電話での問い合わせや予約注文をすると、何か不安な気持にさせられる時があります。

電話での応対は顔、姿が見えないだけに、お客様に安心感を与えるよう注意が必要です。ほとんどの用件は三分以内で済んでしまいますが、その三分間が勝負です。

電話応対の三原則は「お客様を待たせないこと、正確に受け答えすること、丁寧さを伝えること」です。

電話は、ベルが三回以内に取るのが良いのですが、接客中で手が離せず長引かせてしまった場合は、必ず「お待たせしました」「お待たせして申し訳ございません」と一言挨拶を添えると相手の気持も和らぎます。そしてお店の名前をはっきりと「はい、○○菓子店でございます」と名乗りましょう。

▲必ずメモを取り復唱する

電話応対は最初の十秒で印象が決まります。「おいしそうな、明るい」イメージを伝えましょう。

◆用件は必ず確認すること

日持ちの短い商品や、季節の行事、催事に合わせた商品などの予約を電話で受けることがあります。相手の名前、菓子の種類、個数、受け取りに来る時間、電話番号、用途などを聞いてメモを取り、復唱してまちがいがないかを確認します。

例えば、声の調子から顔がすぐ思い浮かぶなじみ客からの電話なら「三丁目の山田さんですね。いつも有難うございます。××を十個、十一時に取りにいらっしゃるのですね。かしこまりました」となり、顔が浮かばないお客様なら「念のため、お電話番号をいただけますか」と聞いておくと安心です。受話器は相手が切ったのを確認してから静かに置きます。

商品を包装し終ったら、先ほどのメモをはさんでおけば、誰が応対してもまちがうことはありません。電話上手は接客上手ということを忘れずに。

◆電話応対のマナー・カルタ

- **あ** 挨拶は、最初と最後、スマートに決めよう
- **い** 急いでいる時ほど、電話番号を確かめて
- **う** 打ち合わせ中の呼び出しは、内線なければメモで
- **え** 英語の電話応対だって、基本を知れば怖くない
- **お** 恐る恐るの電話は、信頼なくす
- **か** かけた方が先に切るのが原則、でも若輩は後から切る
- **き** 聞き取りにくい時は「お電話が遠いようですが」
- **く** クレーム電話、相手のペースに巻き込まれず最後まで聞こう
- **け** けいこのつもりで前もって電話の練習すれば、本番は安心
- **こ** ことば遣いはていねいに、明るく
- **さ** 騒ぐな、電話している周辺では。相手に筒抜けよ
- **し** 受話器は利き手と反対の手で。メモは利き手
- **す** 「すぐ」「しばらく」「少々」といっても待つ身は

つらい

せ　「席を外しています」は社内のどこかにいる時

そ　外から電話する時は、つながったのを確かめてから

た　たらい回しはクレームのもと、イメージダウンに

ち　近くの名指し人に取り次ぐ時も保留ボタンを忘れぬように

つ　机の上、整理整頓心がけ、メモが迷子にならぬよう

て　伝言は5W1Hで、正確に聞き取り、伝えよう

と　取次ぎ電話、相手の立場・状況を考えて臨機応変

な　名乗って、名乗ってまた名乗り、顔が見えない分

に　ニコニコ笑顔の応対は声にも表れる

ぬ　盗め！　電話応対のベテランのテクニック

ね　「念のため、お電話番号頂けますか」と言えば、得意先でも大丈夫

の　ノソノソ、ボソボソはだめ。迅速、正確、ていねいにがモットー

は　話し方、早すぎず、遅すぎず、はっきりと

ひ　一人で悩まず、回りに助けを求めて的確な処理

ふ　プライベートなことは、やたらに教えない

へ　返事、相づちははっきり、タイミングよく

ほ　保留ボタン、いつまでもチカチカはご用心

ま　まちがい電話、親切な応対がキラリと光る

み　道案内、電話でする時は相手をイメージして

む　ムダ話、長話、ビジネス電話の大敵

め　メモと筆記用具は必需品、受ける時もかける時も

も　モシモシの第一声ではなく、まず名乗る

や　やめよう、友達ことば「ウン」「デェー」「エート」

ゆ　油断は禁物、名乗らぬ電話は「失礼ですがどちら様でしょうか」

よ　呼び出し音、三回以内に取りましょう

ら　乱暴な電話の置き方、後味悪し

り　リーンリーン、相手の呼び出しは十回が限度、改めてかけ直し

る　類音語に気をつける「一時」「七時」は言いかえて

れ　連絡事項、メモしてからかければ言い忘れなし

ろ　ロスをなくそう。いつも復唱確認怠らず

わ　わからないことは即答せず、調べてからかけ直す

10 なじみ客を作るためのポイント

◆顔・名前を覚えて親しさ倍増

お客様が店を利用する理由はさまざまです。「通り道だから」「遅くまでやっているから便利」「感じがいいから」「おいしいから」「いつもそこで買っているから」といったようにはっきりした理由もあれば、「何となく」というお客様もあります。

たまたま来店したお客様をわざわざ来店するお客様にしてしまうにはどうしたらよいのでしょうか。何もむずかしいことはありません。友達作りのステップと同じです。

お互いに好感を持ち、挨拶をしたり、話しかけて顔や名前を覚え、趣味や好みを知り、家族のことなどだんだんと背景を知るようになるといったぐあいです。

◆一人一人の欲求に対応する

▲なじみ客作りは友達作りと同じ要領で

人と関わっていく時に、人間の基本的な欲求や心理を知っていると役に立ちます。人間の欲求は、一般的に低次元の欲求からだんだんとエスカレートして高次元の欲求に変化していきます（次ページの図参照）。

例えば、甘いものが欲しくなってたまたま入店した時でも、その欲求が満足されれば、次には、もっとおいしいものはないかといった比較購買をするようになります。そして他の人が食べているものは自分も食べたくなり、さらに次は他人とは違ったものが欲しくなります。行き着くところは、私だけのためにといった欲求になりますが、これに商品面で対応していくのはなかなか困難です。

そこで、そのようなお客様の欲求を満足さ

せていくために、お客様の名前までも覚えて個別に対応した接客が必要になってきます。

お客様に合ったひとことがお客様を喜ばせ、なじみ客へと変化させます。

▼欲求の5段階図

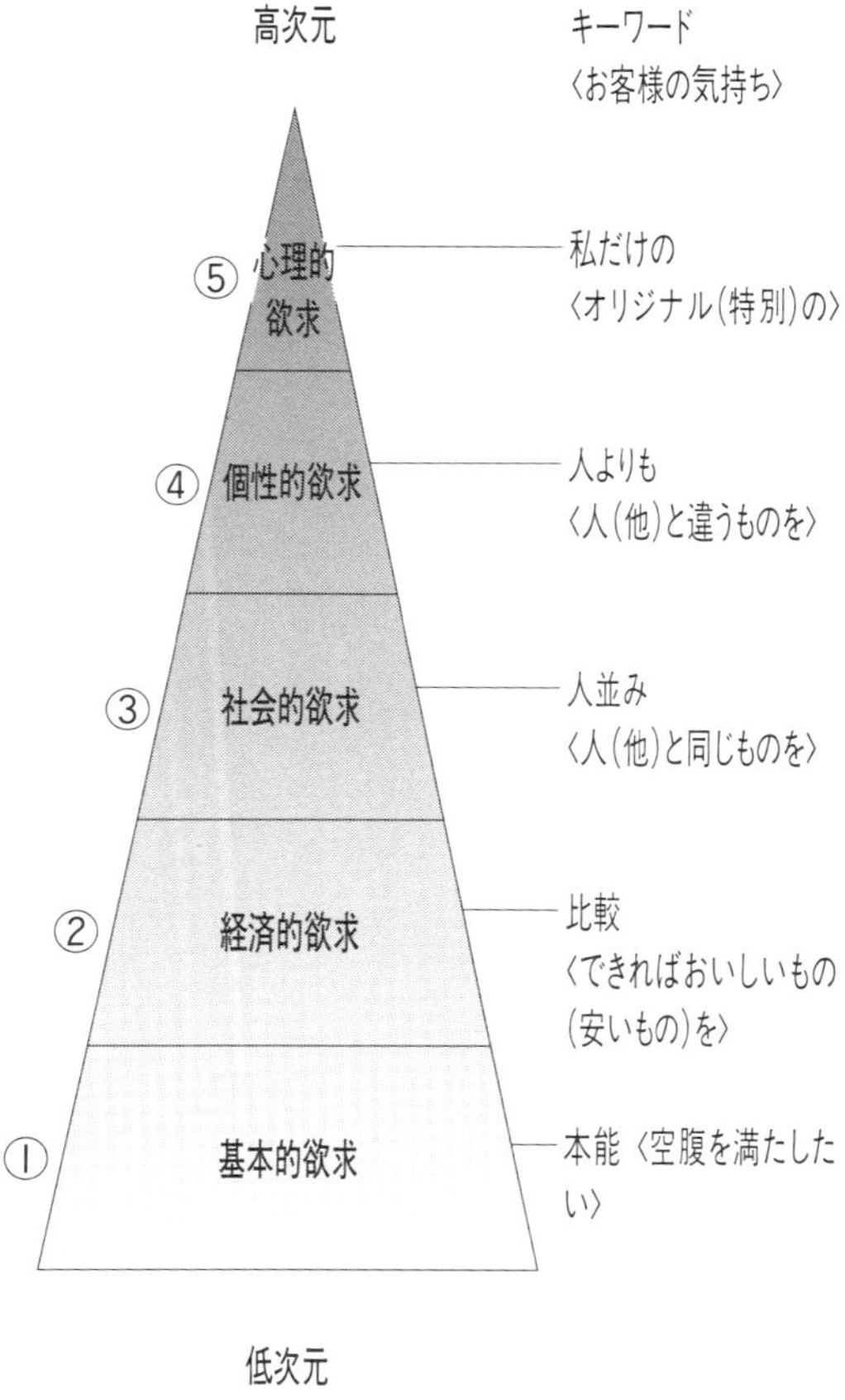

(マズローの欲求の5段階説よりアレンジ)

※あなたのお店の接客について自己採点して下さい

	《なじみ客作り》チェックリスト	良い	普通	悪い
1	いつでも、どこでも、誰にでも笑顔を見せていますか			
2	親しみのある挨拶や態度で接していますか			
3	お客様の要望をなるべく満たすように努力していますか			
4	自分の顔や名前を覚えてもらうように努力していますか			
5	お客様の顔を覚えるように努力していますか			
6	お客様の名前や特徴を把握するようにしていますか			
7	お店でよく買うもの、好みを知る努力をしていますか			
8	ひとことほめたり、情報をサービスしていますか			
計	良い2点、普通1点、悪い0点			

◆総合評価
- 16～13点☞なじみ客がいっぱい
- 12～8点☞もう一歩の努力
- 7～0点☞原点の見直しを！

⑪ 客の顔、名前を覚えるには

◆目標を立てると覚えやすい

前項で、来店客の顔や名前を覚えることがなじみ客作りの第一歩であることを述べましたが、さらに詳しく追ってみましょう。

一般的に「知っているもの」に対しては、人でもモノでも大切にするのが人情です。一方「知らないもの」に対しては、無関心、無愛想になりがちです。

顔や名前を知り、覚えておくのは、相手を認知することになりますから、それだけでも接客応対が違ってきます。

そのようなお客様を多数増やすことが、固定客化につながるわけです。意識して実行しないと思うようにはいきません。見覚えのある顔なのに、どこで会ったか思い出せなかったり、名前が出かかっているのに出ない、などということがよくあります。

毎日一人以上の来店客の顔や名前を覚える

▲特徴と結びつけると覚えやすい

というように目安を作ると、心構えが違ってきます。一ヵ月で約三十人、一年なら約三百人となるわけです。

記憶力がすぐれている人も、そうでない人も、接客業に携わる人なら、百人位までは比較的楽に覚えられるようです。一度、お客様の顔を思い浮かべながら名前を書き出してみると、自店のなじみ客の人数が把握できます。百人を楽に書き出せるなら、次は二百人に挑戦するとよいでしょう。覚えるはしからどんどん忘れていっても嘆くことはありません。来店客の顔を見て、その場で思い出せなくても思い出そうとする努力が大切なのです。お客様が帰った後に「あっ、○○さんだった」と思い出すことがよくあります。このようなことを繰り返していくうちに、忘れにくくなっていきます。

◆特徴を捉えて記憶する

来店客の顔や名前を覚えるためには、工夫が必要です。記憶方法の一つとして顔や身体的特徴を捉えるとよいでしょう。例えば、目の大きい人、背の高い人といった具合です。

次に動作や話し方の特徴を捉えると、ゆったり歩く人、早口で話す人といったようになります。また、有名人に似ている場合は「イチローのような山田さん」というように関連づけます。

お客様の名前を知る手がかりを得たら、接客応対中、何度も名前で呼ぶようにすると、早く名前と顔が一致するようになります。例えば宅送を受けた時は「山田様、大変お待たせいたしました」「山田様、お名前の漢字はこちらでよろしいでしょうか」と言えば、間違いもなくなり、親近感がわきます。

近所のお客様なら二丁目の山田さんといったように住所と関連づけ、趣味がわかれば、それと関連づけるようにします。

※あなたのお店の接客について自己採点して下さい

	《なじみ客作り》チェックリスト	良い	普通	悪い
1	毎日、1人以上顔、名前を覚えるようにしていますか			
2	顔と名前が一致するお客様が100人以上いますか			
3	名前で呼べるチャンスがある時は積極的に呼んでいますか			
4	好みを把握しているお客様に対し、新商品を勧めていますか			
5	朝、昼、夜別に来店客の特徴を捉えていますか			
6	特別な用途（茶席菓子等）の目的買客を把握していますか			
7	クレーム客や宅送の客の顔、名前を記憶していますか			
8	収集した情報の整理をしていますか			
計	良い2点、普通1点、悪い0点			

◆総合評価
- 16〜13点☞顧客満足度は充分
- 12〜8点☞もう一歩の努力
- 7〜0点☞顧客を大切に

12 五配りの接客を忘れずに

◆ことばだけでは心がこもらない

自動販売機やセルフサービスでの販売が、街中にあふれている中で、小売店に求められるのは、フェース・トゥ・フェース（向かいあって・直接）の販売であることはいうまでもありません。

接客の基本的なことをマスターし、さらにサービスを強化したいと思うのは、お店としては当然です。しかし、サービスを難しく捉えすぎると、基本的なことがおろそかになりがちです。

例えば、お客様が「○○はどこにあるの」と質問した時に、ただ口先だけで「それは、奥の右です」と答えたのでは、充分に伝わらないどころか、相手に不快な感じさえ与えかねません。その方向を見たり、手で示したり、あるいは、すぐに案内するか、時には、「お持ちしましょうか」と言って、販売員が取りに

〈五配りの接客〉

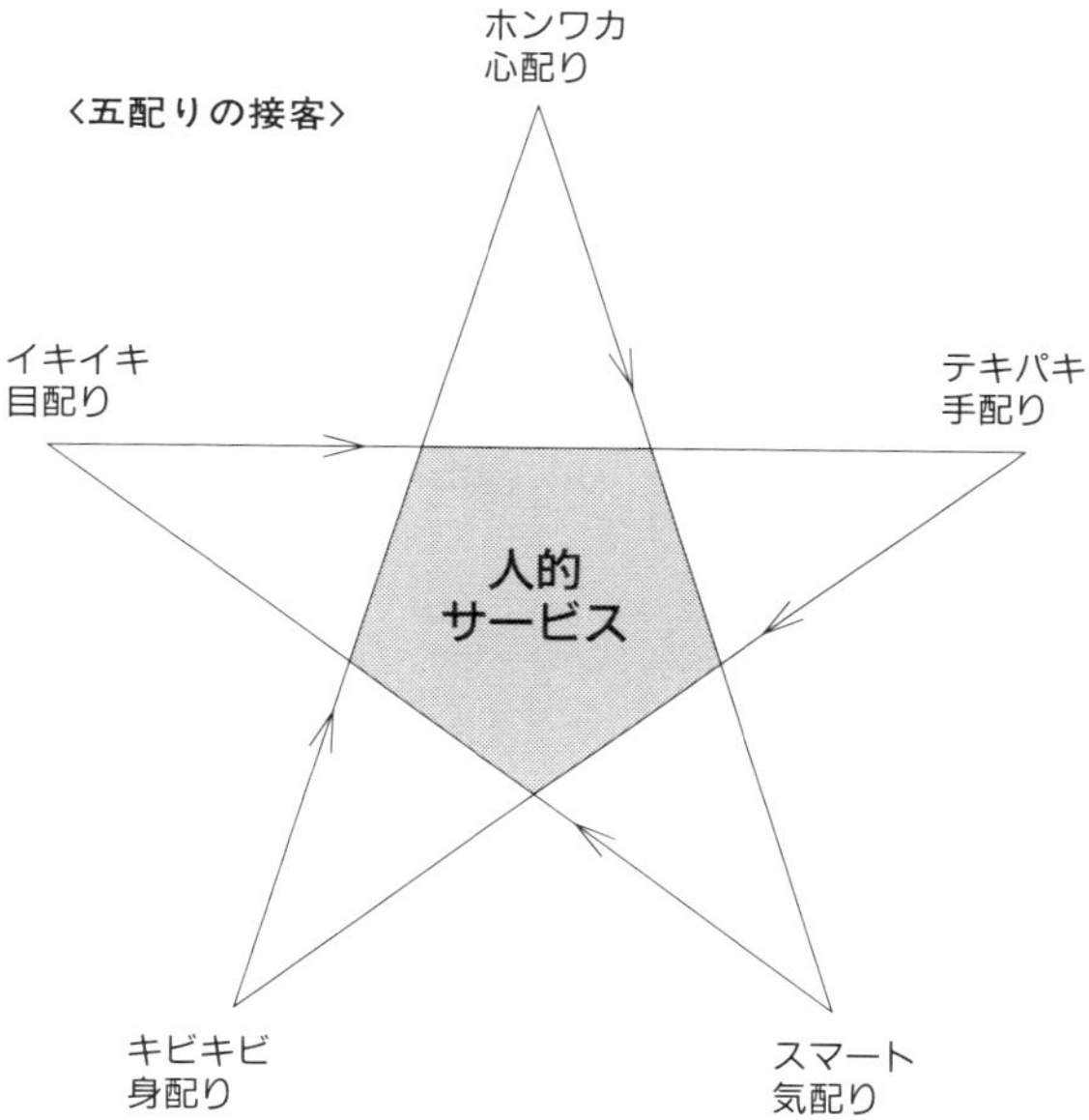

行くといったことが接客のレベルをあげることになり、人的サービスの強化にもなります。

◆五配りは人的サービスの原点

心を表すのは、表情であり、動作であり、ことばです。これらが一体となった時に、自然な形で相手に心地よく伝わります。

それは、つまり心配り、気配り、目配り、手配り、身配りの五つが整った時です。

心配りとはすでに心構えとしてある基本的なもので、ひとことで

▲五配りでお客様の心を動かす

いえば思いやり。気配りとは状況によって臨機応変に対応できることです。

店内やお客様の様子など、情報が素早くキャッチできるのは目からです。絶えず目配りをしたいものです。

手配り、身配りとは、お客様に対応している時に、ことばだけでなく、手配りや身配りが伴うことです。子供や年配客には目線が合うように身をかがめたり、商品を受け取りやすいように手を添えたりといった動作のことです。また、出口までお見送りするなど、ちょっとした一動作がお客様の心を動かすことはいうまでもありません。

※あなたのお店の接客について自己採点して下さい

	《五配りの接客》チェックリスト	良い	普通	悪い
1	お客様を大切にするという心構えができていますか			
2	状況に合わせて臨機応変に対応していますか			
3	売場、商品、お客様に目配りができていますか			
4	作業中、接客中に他のお客様の気配を捉えていますか			
5	商品を渡す時、両手渡しを心がけていますか			
6	その時、指先はきちんと揃えていますか			
7	テキパキと素早い動作を心がけていますか			
8	心やことばに動作が伴っていますか			
計	良い2点、普通1点、悪い0点			

◆総合評価
- 16～13点☞好感度接客
- 12～8点☞もう一歩の努力
- 7～0点☞基本の徹底を

◆販促年間スケジュール

月	行事・記念日・イベントなど
1	1～10日**〔初売り〕**年賀用特選菓子。福袋 第2月曜日**〔成人の日〕**成人用祝菓子
2	14日**〔バレンタインデー〕**愛の菓子セール 28日**〔ビスケットの日〕**
3	3日**〔ひな祭〕**ひな菓子セール 14日**〔ホワイトデー〕**バレンタインのお返しセール 21日ごろ**〔春分の日〕**彼岸だんご、おはぎ売り出し
4	月末**〔連休スタート〕**GW・キラキラセール
5	5日**〔こどもの日・端午の節句〕**柏餅、こどもの日デコレーションケーキ売り出し 9日**〔アイスクリームの日〕** 第2日曜日**〔母の日〕**
6	16日**〔和菓子の日〕** 第3日曜日**〔父の日〕**
7	上～中旬**〔お中元キャンペーン〕**
8	上～中旬**〔お盆&帰省キャンペーン〕**
9	第3月曜日**〔敬老の日〕**敬老対策接客チェック 23日ごろ**〔秋分の日〕**おはぎ、おだんご売り出し
10	31日**〔ハロウィーン〕**パンプキン大行進セール
11	15日**〔七五三〕**七五三セール。飴、デコレーションケーキ、出世鳥の子餅など
12	24日**〔クリスマスイブ〕**クリスマス・デコレーションケーキ売り出し。11月下旬からキャンペーンを 下旬**〔お歳暮キャンペーン〕**歳末大売り出し

第2章

応用編

お客様のタイプとその対応

1 子供客に応対する時のポイント

◆子供でも雑な応対は禁物

親の使いで来店する子供客も大人同様、大切なお客様に変わりはありません。子供だからといって、雑な応対は禁物です。子供は、店でどのように扱われたか、よく覚えているものです。良いことも悪いことも親にそのまま伝わります。子供客の後にファミリーの目あり、です。

小さな子供のお使いなら、親の書いたメモをそのまま渡すでしょうし、字が読める年齢の子供ならば、メモを見ながら注文をするでしょう。いずれにしろ、子供客と目線が合うように、体をかがめて応対します。子供客の注文をゆっくり反復して確かめるとよいでしょう。

近所の子供なら名前を覚えるようにし「○○ちゃん、お待たせしました」と名前を呼んで応対すると親近感が湧くばかりでなく、一

▲一人前に扱われた時のうれしさは格別

人前に扱われているということで、子供の自尊心を満足させます。

◆お使いをフォローしてあげる

商品が手提げ袋の中でガタガタ踊ったりしないよう、また、引きずったりしないように持ちやすくしてあげましょう。

釣銭が細かくなるようだったら、ビニール袋などにまとめて入れてあげるとなくさずにすみます。

買ったものの金額や釣銭の金額を書いたメモを渡してあげれば、なお親切です。

▲釣銭はバラで渡さずビニール袋に入れて…

一人前にお使いができることをほめてあげましょう。他人にほめられた時のうれしさはまた格別です。帰りがけには「車に気をつけてネ」とひと声かけて送ってあげれば、よい印象を残すにちがいありません。

親の買物に連れられてきた場合は、子供にも関心を向けましょう。「いくつ？　お名前は？」と話しかければ、子供を含めて親との対話につながります。

子供客が多いある店では、販売員の名札を子供が読みやすいようにひらがなにしたり、動物の絵などを描いて印象づけています。

※あなたのお店の接客について自己採点して下さい

	《子供客への応対》チェックリスト	良い	普通	悪い
1	子供客の顔・名前を覚えるようにしていますか			
2	親と買物に来る子供にも声をかけていますか			
3	子供客の親がわかりますか			
4	子供客の注文を確認していますか			
5	子供客の順番を守っていますか			
6	子供客と目線が合うように話していますか			
7	商品は持ちやすいようにしていますか			
8	子供客をほめてあげていますか			
計	良い2点、普通1点、悪い0点			

◆総合評価
- 16～13点☞子供の信頼を得ます
- 12～8点☞もう一歩の努力
- 7～0点☞親が腹を立てます

② 高齢客に応対する時のポイント

◆高齢客への呼びかけは…

店のなじみ客の中には、高齢の人もいます。孫がいれば、当然「おじいさん」「おばあさん」なのですが、お客様としては、他人にこういう呼ばれ方をするのは、あまり好まないでしょう。よほどのなじみ客で親しみがこもっている場合は別ですが…。きんさん、ぎんさんのように百歳を越えるとそうでもないかもしれませんが、五十、六十代では孫がいても心身ともにまだ壮年です。七十、八十代のお客様に対しても年寄りとか、老人といった呼び方は禁物です。やはり、名前で対応するのがベストです。

人間には「自己保存の本能」があります。生きようとする欲望、いつまでも若く元気でいたいという気持です。

だから「おじいさん」「おばあさん」の呼び方には抵抗を感じます。

▲他人から見れば腕白でも、おじいさん、おばあさんにとって孫はかわいいもの

また、高齢者は自分の健康を気づかうので「いつもお元気そうですね」という一言が気分を明るくします。

◆聴き上手になって応対

午前中、あるいは昼下がりに来店する高齢客は、買物がてら話し込む場合もあります。「おまんじゅう二個でつきあっていられない」などとめんどうがらずに、時間や事情の許す限り耳を傾けてあげたいものです。

ただし、話の内容には深入りし

ないことです。家庭内のことや嫁のグチをこぼした時などは用心しなければなりません。どちらが正しいとか、間違っているなどということは、くれぐれも口に出さないように。話の内容に答えを出そうとすると、とんでもないことになりかねません。

聴き上手というのは、人の話に何となく相づちを打ったり、あれこれ詮索するのではなく、相手の心を感じてあげることです。お客様は話を聴いてもらうだけで、スッキリしてしまいます。

帰りがけには「お寒い（お暑い）ですからお気をつけて」と、ていねいに見送ってあげましょう。

◆お孫さんを話題にする

お客様の関心事の一つは、孫のことです。他人からみれば腕白でいたずらであっても、お客様にとっては目に入れても痛くないほどかわいいものです。お孫さん連れで来店したら、お孫さんにも関心を向け、ほめてあげれば、目を細めて喜びます。

孫連れでない場合でも、孫のことを話題にしてあげれば、おじいさん、おばあさんにとって、うれしいものです。

その孫がやがてお客様になる場合もあります。三代続くなじみ客となるわけです。

※あなたのお店の接客について自己採点して下さい

	《高齢者への応対》チェックリスト	良い	普通	悪い
1	親しみをこめて挨拶をしていますか			
2	お客様に合った呼び方をしていますか			
3	むやみに年寄り扱いをしていませんか			
4	ゆっくり、はっきり、わかりやすく話していますか			
5	荷物を置く場所、腰かけるイスがありますか			
6	事情が許す限り、話を聴いてあげていますか			
7	お客様が喜ぶ話題を提供していますか			
8	帰りがけにひと言、声がけをしていますか			
計	良い2点、普通1点、悪い0点			

◆総合評価
- 16〜13点☞なじみ客が増えます
- 12〜8点☞もう一歩の努力
- 7〜0点☞基本のマスターを

3 迷い客への対応ポイント

◆迷っている客には手助けを

ケース内においしそうな商品がたくさん並んでいると、あれもこれもと目移りがして迷ってしまうのは当然です。お客様にとっては試食でもしない限り、まずは自分の目で確かめるしか方法がないのです。

あちこち見回っている人、じっと立っているけれど視線の定まらない人、入店してひと回りして去り、再度入店する人、いずれも商品を決めかねているお客様です。

このような場合には、積極的に声がけをして、お客様の手助けをしていきましょう。「お決まりになりましたら、お声をかけてください」「ご進物でしょうか」という一般的なアプローチや「こちらは当店おすすめの○○です」というセールストークでもかまいません。

迷っているお客様を目の前にして、販売員がケースごしに無言でずっと立っているのは、

▲迷っている客には適切なアドバイスを

お客様にとってはあまり感じのよいものではありません。また、長い間、お客様を迷わせておくのは、プロの販売員とはいえません。

◆好みをキャッチする

黙々と商品選びをしているお客様が何を欲しているのか、注意深く見ていると、おおよその検討をつけることができます。

まず、お客様の視線がよく向けられるものは関心がある商品です。さらに特定商品に数秒目が留まったら関心度が高まっています。

二つめに、手に触れることができる商品ならその回数が多いものは気に入ってます。ワゴンの中の袋菓子を手に取っては、戻したりしているのは、迷っているけれど、その商品が気になっている証拠です。

三つめは、比較の中心になっている商品です。例えば、ケース内のイチゴのショートケーキとチーズケーキを見比べ、次にショートケーキとモンブランを見比べている時は、ショートケーキが比較の中心になっています。その時は、ショートケーキのセールスポイントを強調してすすめると、お客様の迷いも早く解決できます。

◆「好きずきです」は禁句

お客様が決めかねて「どちらにしようかしら」と助けを求めてきたら、それぞれの商品の特徴を説明しながら、お客様の反応を見ます。用途をたずねれば、さらに情報提供しやすくなります。人気のある商品や、オリジナル商品なら「こちらがとても人気があります」といったように自信をもってすすめます。味はそれぞれの好みですが、だからといって「好きずきです」とぶっきらぼうに答えるのは禁物です。お客様が満足できる返答をしてあげましょう。

※あなたのお店の接客について自己採点して下さい

	《迷い客への対応》チェックリスト	良い	普通	悪い
1	入店客の目線をキャッチしていますか			
2	待機の姿勢はお客様に圧迫感を与えないようにしていますか			
3	決めかねているお客様に声がけをしていますか			
4	お客様の動作から好みやニーズを察する努力をしていますか			
5	おすすめ商品をアピールしていますか			
6	顧客のニーズに合わせて、親身な応対をしていますか			
7	商品は見やすいように陳列していますか			
8	お客様にわかりやすくショーカードをつけていますか			
計	良い２点、普通１点、悪い０点			

◆総合評価
- 16〜13点☞信頼度アップ
- 12〜８点☞もう一歩の努力
- ７〜０点☞親身な接客を！

4 急ぎ客とのんびり客への対応

◆急ぎ客には声がけを忘れずに

駅付近やバス停留所の近所にあるお店でありがちなことですが、買物客は乗物に間に合うように、用事をすませたいという気持が強く働きます。

このような場合は、状況を察して、商品も欲しいけれど、時間に遅れたくないという二つの欲求を満足させなければなりません。

時計を何度も見たり、早口で話したり、ソワソワしているお客様は要注意です。何よりも動作を手早くすることです。手間取りそうな時は、「少々お時間をいただけますでしょうか」「五分位お待ちいただくことになりますがよろしいでしょうか」と了解を取った方が無難です。

見やすい場所に時刻表を用意しておいたり、頭の中に入れておくと、必要な時に、お客様に教えてあげられ、喜ばれます。

とりたてて急いでいない場合でも、待たされるのは、誰でもあまり心地よいものではありません。順番待ちのお客様が多い時は、いつもより早めに処理するように心がけましょう。だからといって雑な対応は禁物です。

販売動作の中で、緩急をつけて、調整できるようにしておけば、ある程度まではお客様のペースに合わせることができます。

◀ソワソワしているお客様への応対は手早く

包装は多少急いで包んでも、スピード感があって良いのですが、ことば使いなどは早口では乱暴な感じや雑な受け答えに聞こえてしまいます。「お待たせ致しました」「少々お待ちくださいませ」の声がけも忘れないようにしましょう。また、あわてて店を飛び出すお客様は、とかく忘れものが多いもの。気を配ってあげましょう。

◆ゆっくり客にはペースダウンで

テンポがゆったりしているお客様や、時間のゆとりがある場合は、話が長引き、長居しがちになります。特になじみのお客様は、ついつい気を許して話に花が咲いてしまいかねません。事務的に処理するだけでは冷たく思われ、そうかといって手放しで話し込んでしまうわけにもいきません。

他にお客様がなく、仕事にも支障がない範囲で、相手のペースに合わせて対応してみましょう。ゆったりペースのお客様をせかしても、ただ慌ててしまうだけです。自分のペースで物事を処理していこうとすると、相手の遅さにイライラしたり、腹が立ち、それがつっけんどんな動作や態度になります。

話が長引きそうだと思ったら、こちらから「ところで」とか「そういえば」と切り出して話題を変えます。また、仕事の動作を意識して変えるなどして、お客様にそれとなく、気づいてもらうきっかけを作ります。

※あなたのお店の接客について自己採点して下さい

	《緩急客への対応》チェックリスト	良い	普通	悪い
1	お客様が急いでいるかどうか把握していますか			
2	急ぎの客に対しては、テキパキと迅速に対応していますか			
3	順番待ちの客には「少々お待ちくださいませ」と声がけしていますか			
4	乗物の時間を聴いて、間に合うように対処していますか			
5	作業は手早く、気持は落ち着いて対応していますか			
6	ゆっくり客に対応する時は、多少動作もペースダウンしていますか			
7	お客様の長話につられて、つい話し込んでいませんか			
8	長居の客には、状況の流れを変えて、気づいてもらうようにしていますか			
計	良い2点、普通1点、悪い0点			

◆総合評価
- 16〜13点☞気配り満点
- 12〜8点☞もう一歩の努力
- 7〜0点☞マイペース接客

5 物知り客への対応ポイント

◆ほめことばで満足感を

お客様の中には、一般的な事柄はもちろんのこと、商品についての知識も販売員以上に詳しい人がいます。いわゆる物知りのお客様です。

このお客様には、控え目で謙虚なタイプと言いたがりのタイプの二通りあります。

前者のタイプのお客様は問題ないのですが、後者のお客様に対しては、ひとくだり聞くのを覚悟しなければなりません。またか、という気持を持ったり、面倒だ、などと思わずに、お客様との会話から何かを学ぶという積極的な傾聴が大切です。時々うなずいたり、相づちを入れて聞いてあげましょう。

会話にのめり込みすぎて、「へぇー」「なるほどネ」などということばを連発しないようにしましょう。時と場合によっては不遜に映ります。

▲ほめことばでお客様の満足度が高まる

「よくご存じですね」「勉強になりました」といったひとことが、何よりのほめことばとなり、お客様の満足度が高まります。

◆知りたがり客には親切に説明

商品の材料や製造方法など一つ一つ確認しないと気のすまないお客様もいます。特に、珍しい商品や新商品などを販売する場合に多く見られます。

このようなお客様には、筋道を立てて、ポイントをおさえながら、わかりやすく説明していきましょう。プロとしての知識をフル活用して、自信を持って対応していくことが、相手の納得を得ることになります。ただし、専門用語の乱発はしないように。

◆YES、BUT法でやんわり対応

一見物知り客のように見えて、実はまちがった知識を持っていたり、自分の意見を主張するタイプのお客様は要注意です。

まずは、一通り、相手の言い分をよく聞きましょう。途中での反論は、相手の感情を害しやすいので禁物です。

お客様の言い分で、正しい所は、「お客様、よくご存じですね」「さすがですね」と、素直にほめます。そして、まちがっている部分に対しては、「確かにそうですね。しかし、当店では…なのですが」といったように、相手の言い分を肯定してから、押しつけがましくなく、自分の意見を述べていきます。これを専門用語で「YES、BUT法」と言います。

好みの商品については、お客様も強く主張します。たとえ相手がまちがっていても、言い争いは避けなければなりません。「お客様、それは違いますよ」といったストレートな言い方は相手の感情を害するもと。一歩下がって、やわらかく、冷静に対応するくせをつけてください。

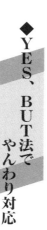

※あなたのお店の接客について自己採点して下さい

	《物知り客への対応》チェックリスト	良い	普通	悪い
1	相手の話を積極的に聞くようにしていますか			
2	お客様の会話から学ぶという習慣をつけていますか			
3	相手を尊重し、ほめ言葉を惜しまないようにしていますか			
4	商品説明のテクニックをいつも磨いていますか			
5	新商品について、特に商品知識を豊富にしていますか			
6	お客様と議論しないようにしていますか			
7	感情的にならないように気をつけていますか			
8	やわらかな物腰で対応していますか			
計	良い2点、普通1点、悪い0点			

◆総合評価
- 16～13点☞顧客心理把握の達人
- 12～8点☞もう一歩の努力
- 7～0点☞マイペース接客にならぬよう

6 ひやかし客への対応ポイント

◆買うだけが客ではない

食品を扱っている店では、他の商品と違って、ほとんどが目的買いのお客様なので、入店して買わずに帰るということはあまりありません。まして、地元に密着した菓子店ならなおさらのことです。

しかし、駅ビルやショッピングセンターなどの回遊性の高い場所の売場では、事情が違ってきます。

遊びの帰りがけにおみやげの品選びをするおば様軍団。商品を手に取り、買う気があるかのように、あれやこれやとさんざん聞いたあげく、商品を戻して去っていってしまうということもあります。もしかしたら、買う気など最初からなかったかもしれません。ひやかし客ですね。

また入店して、キョロキョロと何か探しているように見えますが、なかなか視線が定ま

▲あれこれ聞くだけのひやかし客にも親切に応対を

らず、「おみやげですか」と声をかけても無言、しばらくして出て行ってしまうという客もあります。

中には、店に飛びこんでくるやいなや、ばつが悪そうに道をたずね、すぐに飛び出して行く人もいます。

いずれの場合も、ていねいに応対しているのに、相手がひやかしだったり、無言だったりでは、店の側としては「まあ、感じ悪いわ」「応対して損したわ」と思ったり、期待を裏切られたような気分になりがちです。

◆「一期一会」の心を大切に

しかし、商売は「損して得をとれ」のように長い目でみることも時には必要です。たまたまその時は買わずに帰ってしまったが、思い直して戻ってくるかもしれません。帰宅してから、電話で注文することもあるでしょう。さらに、次回の来店がないともいえません。

商品を買わずに立ち去った場合でも、店に足を運んでくれたり、会話をしたりといった出会いを大切にし、またその気持が相手に伝わるようにしたいものです。

相手が「清潔な店だな」「おいしそうだな」「ていねいな販売員さんだ」と感じてくれれば、お買い上げにはつながらなくても、心はつながっています。

逆に「感じの悪い店」という印象を残してしまったら、再来店の期待がもてないだけではなく、悪評が周辺に伝わっていきます。

皆さん、「一期一会《いちごいちえ》」ということばをご存じでしょうか。

どんな時でも、誰にでも、どのような状況であっても出会いを大切にする、つまり瞬間を大切にするという意味だそうですが、まさに接客はこのことばの通りです。

買う買わないに関わらず、来店者は皆、お客様のつもりで、出会いを大切にしていくようにしましょう。

※あなたのお店の接客について自己採点して下さい

	《ひやかし客への対応》チェックリスト	良い	普通	悪い
1	来店客は皆お客様という気持を持っていますか			
2	ひやかしとわかっていてもていねいに応対していますか			
3	ひやかし客への関心を呼び起こす情報を提供していますか			
4	道案内をめんどうがらずに、適切な説明をしていますか			
5	無言の来店客にも時々声がけしていますか			
6	買わない客にも誠意ある応対をしていますか			
7	買わない客にも帰りぎわの挨拶をしていますか			
8	一期一会の心を大切にしていますか			
計	良い2点、普通1点、悪い0点			

◆総合評価
- 16～13点☞親身な接客です
- 12～8点☞もう一歩の努力
- 7～0点☞出会いを大切に

7 割り込み客への対応ポイント

◆先客優先の原則を忘れずに

接客の会話中「これいくら。急いでいるんだけど」といきなり割り込んでくるお客様が時にはいますね。

相手の態度に威圧され、うっかり割り込んできた客を優先して対応してしまったのでは先客の気分を害し、トラブルの元になりかねません。

混雑時に起こりがちなケースですが、通常の接客では「先客優先」が原則です。

しかし、割り込み客をあからさまにとがめるのも接客技術としては感心できません。

割り込みのお客様には「申しわけございません。少々お待ちいただけませんか」とことわったり、手のあいている仲間に声をかけて応援を頼みます。

また接客中、両側にお客様が並んでしまった場合は、順番を覚えておき「こちらのお客様からですね」と行って対応すると、順番があることを、それとなく知らせることができるでしょう。

とはいえ、「先客優先」をかたくなに守るのもどうかと思われます。

先客との接客中であっても、先客が迷っていたり、商品選びに時間がかかりそうな場合は「ちょっと失礼いたします。お決まりになったらお申し付けくださいませ」と言って、次客に対応することもあります。

状況を察して機転を働かせることが必要なのです。

◆ユーモアを交えてことわる

異業種の話ですが、お客様に順番があることを理解してもらうためのことわり方でユニークな例を紹介します。

川崎大師での初詣での際、なかなか前に進まない長い行列にイラだちを覚えている人達にマイクでゆったりと呼びかけている誘導係のことばです。「急いだからといってご利益が増えるわけではありません。どうぞ順序よくご参拝ください」。この案内に、参拝者の間から笑い声がもれました。正月早々、マイクで「並んで、並んで」とがなりたてられたのでは、せっかくの気分も興ざめです。

次に街中の魚店でのこと。順番待ちしている人達のケースの前に割り込み、注文した客に対して「ハーイ、美人は後でネ」。その場は

▲臨機応変の機転とユーモアで対応する

一瞬シーンとしましたが、すぐになごんだ雰囲気になりました。

日本人はユーモアが苦手だといわれていますが、人と対話する仕事をする上で、ユーモアのセンスを少しでも身につけることができたならば、さらにお客様の満足度を高める接客になるでしょう。

ユーモアは心のゆとりがないと生まれません。日々の健康管理や時間管理、そして心の管理が大切です。

※あなたのお店の接客について自己採点して下さい

	《割り込み客への対応》チェックリスト	良い	普通	悪い
1	先客優先の原則を理解していますか			
2	割り込みがあった時に、あわてずに対応できていますか			
3	先客の状況を察しながら次客への気配りをしていますか			
4	七大用語の声がけを忘れないようにしていますか			
5	いつもお客の順番を把握していますか			
6	日々の健康管理に留意していますか			
7	日々の精神管理に気をつけていますか			
8	ユーモア感覚を磨くよう努力していますか			
計	良い2点、普通1点、悪い0点			

◆総合評価
- 16～13点☞臨機応変度良好
- 12～8点☞もう一歩の努力
- 7～0点☞基本のマスターを

❽ 多忙時の接客・応対のポイント

◆忙しくても心は満開

師走などの繁忙期は、日を追うごとに気ぜわしくなります。客の来店頻度も高まり、売上拡大が望める時期でもあります。

多忙とはいえ、接客が無愛想になったり、ミスをおこさないようにしたいものです。

そのためには、心構えが大切です。忙しさを嫌だなと思うのではなく、忙しくてありがたいことだ、十二月は忙しいのは当たり前というように考え方を変えれば、いつも笑顔で応対ができます。

忙しい時こそ、仕事は即時処理を心がけます。後で後でと処理を怠っていると、そのうち、何が何だかわからなくなってしまいます。ひとつひとつ確実に処理していきましょう。

店内のメンバーはお互いに連絡を密にして、伝言によりミスが発生しないようにします。

▲多忙時こそ落ち着いて丁寧な応対を

◆忙しい時ほど確認を怠らない

混雑時は、注意が散漫になっていると商品の入れ間違いや、お客様への渡し間違いなどの基本的なミスがおこりやすくなります。注文商品や個数の確認を怠らないようにし、注文を受けたお客様の顔を覚えて、商品や釣銭の渡し間違いがないようにします。

特に進物の場合は、箱の中身の見栄えを気にするお客様もいるので、詰め終わったら「これでよろしいでしょうか」と見せて、確認してもらうとお客様も安心します。

のし紙はどの種類にするのか、上書きは何と書くのか、リボンやカードはつけるのかといったことは、お客様が言わなくても、こちらから聞いて対応します。

宅配を受ける時も送付先の住所、氏名を確認します。その場で確認することが大きな過ちにならずにすみます。いつ発送するのか、先方への到着予定日はいつかなども知らせておけば、お客様の安心感も高まります。

◆先客優先でスムーズな応対

複数のお客様が同時に来店してしまうと、あわててしまいますが、接客の原則は「先客優先」です。急いでいるからと言いながら、割りこんでくるお客様にはやんわりと順番があることを告げてください。店内でも全員が接客優先の姿勢を取り、長く待たせないように。

待たせているお客様にも「いらっしゃいませ」「少々お待ちくださいませ」の声がけをしておきます。目線だけでも送っておくと、お客様を確認したことになり、待つ身もつらくなくなります。

順番が来たら「お待たせ致しました」のひとことを忘れずに言いましょう。疲れてくると挨拶の声も出にくくなりがちですが、お客様にしてみれば、ひとことの挨拶があるかないかで気分が変わってきます。

※あなたのお店の接客について自己採点して下さい

	《多忙時の接客》チェックリスト	良い	普通	悪い
1	身だしなみ、周辺の整理整頓を心がけていますか			
2	忙しくても笑顔を忘れずに応対していますか			
3	間違いがないよう確認を充分にしていますか			
4	順番待ちの客に「お待たせ致しました」と言っていますか			
5	どのお客様にも声がけをしていますか			
6	進物は必要事項を聞いて、確認していますか			
7	「忙しい時ほど即時処理」の習慣をつけていますか			
8	多忙に負けない健康管理を心がけていますか			
計	良い2点、普通1点、悪い0点			

◆総合評価
- 16～13点☞満点接客
- 12～8点☞もう一歩の努力
- 7～0点☞クレーム発生に注意

9 苦情客への対応のポイント(I)

◆苦情も大切な情報のひとつ

お客様から苦情をいただくのは、誰しもうれしいものではありません。しかし、苦情もお客様からの大切な情報のひとつと考え、前向きに対応していきたいものです。発生した一件の苦情に対して、三十件の隠れた苦情があると言われています。

苦情を上手に処理することで、苦情客を固定客にまでもすることができます。一方、苦情客が対応に満足しなかった場合は、周囲の人々に口コミで伝わり、客数を減らすことにもなりかねません。

苦情の原因は、大別すると、商品面、サービス面、接客面の三つです。商品面では、傷み、汚損、破損などの不良品に気づかずに販売してしまった時に発生します。サービス面では、宅配便が届かなかったり、店舗内が雑然としていて、清潔感がないなどが問題にな

▲苦情に対して素直にあやまる姿勢があればお客様の怒りもやわらぐ

ります。

さて、苦情の一番の原因は、接客面です。預かり金や釣銭の渡しまちがいなどの金銭的トラブルや商品の渡しまちがい、接客中の感情のもつれ等です。

◆まずあやまる姿勢が大切

接客中の感情のもつれは、苦情の中でも対応がやっかいなものです。販売員の動作、言葉づかいなどちょっとしたことが気に障り、それがどんどん膨れてしまいます。

店が混雑している時、あるいは

暇でちょっと気を許した瞬間に起きがちです。

長い間、待たされたのに「お待たせ致しました」の一言もなく、乱雑に接客されたり、割り込んで来た客を先に接客してしまった時などは、先客は立腹して必ずクレームを言います。

そこですぐに「申し訳ございません」のお詫びの一言が出れば、感情のもつれはさほどないのですが、言葉もなく、無愛想な顔つきで、商品を乱暴に扱ったりすると、それを見ているお客様の感情はエスカレートしてしまいます。

原因はどうであろうと「申し訳ございません」の言葉がいつも素直に出るようにしたいものです。たとえ、それがお客様の勘ちがいや落度であったとしても、勘ちがいをさせてしまった手抜かりがなかったとは言い切れませんから。

苦情を述べるお客様は感情が高ぶっているので、声もかん高いし、一方的に自分の言い分を話します。負けじとばかり、こちらも大声を出すのではなく、お客様の話をしっかり受け止められるよう、落ち着いて、あいづちを打ちながら、何がポイントなのかを頭の中で整理して、聞き取る姿勢が大切です。

また、他人のミスでクレームを処理しなければならないこともあります。「何で、私が…」という気持ちが少しでもあると、不遜な態度になりがちです。誰のミスであっても、フォローに万全を期すのがプロの販売員です。

※あなたのお店の接客について自己採点して下さい

	《苦情客への対応》チェックリスト	良い	普通	悪い
1	「申し訳ありません」という挨拶が素直にできますか			
2	応対は落ち着いて、ゆっくり静かな声で話していますか			
3	相手の話を充分に聞くようにしていますか			
4	相手の話から苦情のポイントを聞き取っていますか			
5	判断しかねることは責任者に聞くようにしていますか			
6	苦情客が再来店しやすいように丁寧に見送っていますか			
7	苦情の事後報告を責任者にしていますか			
8	同じ苦情が来ないよう、対策を立てていますか			
計	良い2点、普通1点、悪い0点			

◆総合評価
- 16〜13点☞苦情客が固定客に
- 12〜８点☞もう一歩の努力
- ７〜０点☞前向きに改善を

⑩ 苦情客への対応のポイント(II)

◆進物品の受取人からのクレーム

今回は、私が体験したクレームの実例をもとに考えてみましょう。知人にお中元の品を仕事先で知った遠方の某菓子店から贈りました。数日後、知人から電話があり、しばらく話しているうちに、知人がこう言います。「言いにくい話ですが、今後のこともあるでしょうから、お話しします。せっかくいただいたお菓子、賞味期間を大分過ぎているんですよ。季節的に大丈夫かなと思っているんですが…」と立腹の様子。私は驚いて「えッ、それはすみませんでしたね。でも一ヵ月位は大丈夫と言われたのですが…」

知人は、「そうなんですか。製造日が2月5日になっています。だから包みをあける前にお電話しました」。「それはご迷惑をおかけしました。私のなじみの店ですから、先方に事情を話して、折り返しお電話いたします」

▲誠意ある対応がトラブル解決の近道

私も製造日を確認したわけではなく、ただ日持ちを聞いただけで、それにしても二月の商品とはひどいなあと半信半疑でした。

事情を話すと、店の主人は「それは、大変ご迷惑をおかけしまして申し訳ございませんでした。当店では商品の管理については充分配慮しているつもりですが…。お差しつかえなければ、私どもの方から、お届け先のお客様へご連絡いたしたいと存じます。新しい商品をすぐにお送りいたします。お手元の商品についてはご返送願えればと思っておりますので…」と丁寧な対応なので、この分なら、大事にならずに済むだろうと一安心。

◆誠意のある対応とは？

その時、知人から再び電話があり、「あ、ごめんなさい、さっきの件…」と気まずそうな声。「どうしたんですか」とけげんな私。

「実は日付はどうも私の見まちがいみたいなの。7月5日の7が汚れていて2に見えたの。宅配便の包みも汚れていて、古い感じがしたので、てっきり2月と思い込んでしまって、あわて者でほんとにすみません」

やれやれと思いながらも真相がわかってすっきりした気分でした。

見まちがいや勘ちがいは誰にでもあるものです。お客様の思い込みや先入観が強い場合はクレームもこじれがちになります。

今回は知人が、自らのミスに気づいたので混乱もなく解決しましたが、もし、気づかなかったら、対応が困難になったことでしょう。

同様に、店側にも思い込みや先入観によるまちがいがないとは言い切れません。

いずれにしても、店側は、素早く、誠意をもって対応することが肝心です。誠意とは、「お客様が正しい」というスタンスで臨むこと。それがクレーム解決の近道となります。

※あなたのお店の接客について自己採点して下さい

	《クレーム予防》チェックリスト	良い	普通	悪い
1	商品と価格表示は合っていますか			
2	店員の身だしなみは清潔感がありますか			
3	売場その他、店内は清潔になっていますか			
4	笑顔のサービスを怠っていませんか			
5	接客用語や敬語を正しく使っていますか			
6	お預かり金や釣銭の確認をしていますか			
7	商品の入れまちがいがないよう、確認していますか			
8	連絡や報告をまめにし、メモを取るようにしていますか			
計	良い２点、普通１点、悪い０点			

◆総合評価
- 16〜13点☞クレーム発生せず
- 12〜８点☞もう一歩の努力
- ７〜０点☞クレーム充満

11 応酬話法のテクニック

◆つぶやきの本音を捉える

お客様がケースの中を眺めながら、「おいしそうね」とうれしそうな顔をして選んでいる時には、声もかけやすく、商品説明もしやすいものです。

しかし、気むずかしい顔をして眺めているお客様は、気に入っているのか、そうでないのかが、読み取りにくいものです。そのようなお客様が「太りそう」とか「ずいぶん甘そうね」などとつぶやいた時は、声のかけ方にも注意が必要です。

お客様が商品をけなしているように聞こえますが、それはあくまでも表面上のこと。お客様の本音は、「太りそうだけどとてもおいしそう」とか「甘そうだけど食べたいな」と思っている場合が多いものです。

このような時は、お客様の本音を推察しながら、「見た目ほどでもございません。ヘルシ

▲お客様の本音を汲み取っておすすめする

ーケーキですから」といったように、お客様の意向に添うように適切な説明をしていくと納得してもらえます。これを応酬話法といいます。

◆お客様のひと言をきっかけに

いろいろなケースでの応酬話法を考えてみましょう。接客のテクニックとして参考にして下さい。

「甘そうね」と言われたら「召し上がってみると、それほどでもありません。糖分はおさえ気味ですので」

「ずいぶん量が多いのね」と言われたら「こちらのおまんじゅうは召し上がらない分は、ラップで包んで冷凍して下さい。召し上がる時に電子レンジで少し温めていただくと、出来たて同様になります」

「重そうね」と言われたら「当店では宅配便を承っておりますので、よろしかったらご利用下さいませ」

「高いのね」と言われたら「こちらの商品はひとつひとつ手作りになっております。この季節だけの商品ですので、季節感を味わっていただけると思います」

「見なれないお菓子ね」と言われたら「こちらは新商品なんです。最近発売を始めました。数を限定しておりますので」

このようにお客様がつぶやいたひと言を上手に汲みとり、商品説明やおすすめのきっかけ作りができるようになれば、プロの販売員といえるでしょう。

もちろん、応酬話法でお客様に買わせればよいというわけではありません。

応酬話法は、豊富な商品知識を身につけると同時に、それをひとり一人のお客様のニーズに合わせて活用し、よりよい販売をしていくためのものです。一方的な押しつけでは、お客様は納得してくれません。

お客様の潜在的な疑問を引き出し、それに対して適切な解説をしていくわけです。しかし、お客様の疑問に対しては頭ごなしに否定しないように注意して下さい。

※あなたのお店の接客について自己採点して下さい

	《応酬話法について》チェックリスト	良い	普通	悪い
1	お客様の表情、動作をよく観察していますか			
2	お客様のつぶやきを聞き逃さないようにしていますか			
3	お客様のつぶやきにストレートに言い返さないようにしていますか			
4	つぶやきの本音を捉えながら、お客様の関心事に答えていますか			
5	お客様が気にかけそうな事柄に対して答を用意していますか			
6	商品のセールスポイントを豊富に貯えていますか			
7	あくまでも正しい説明で納得してもらえるよう努力していますか			
8	お客様の気分を損ねないような言い方をしていますか			
計	良い2点、普通1点、悪い0点			

◆総合評価
- 16～13点☞応酬話法の達人
- 12～8点☞もう一歩の努力
- 7～0点☞お客様を大切に

12 接客上手になるための心得

◆接客を好きになる

「好きこそものの上手なれ」のことばのように、接客上手になるためには、好きになることが近道です。まず商品を好きになり、会社や店を好きになり、販売（仕事）を好きになり、人を好きになることとです。好きなものに対しては、関心や愛情が湧いて、大切にしたり、さらに理解を深めようと努力します。

それが商品知識を増やしたり、お客様の気持を把握して接客することにもなります。

◆自分がされてうれしいことをする

どうしたらお客様が喜んでくれるか、あるいは不快に感じるかは、頭で考えるよりも自分の心で感じるとわかりやすいものです。

つまり、自分が相手にされていやなことは相手にもしない、自分が相手にされてうれし

▲満点接客をめざし、日々努力を

いことをする、これが鉄則です。

快、不快の根源的なことは、ことばと態度です。そして好感を与える接客とは、相手の存在や価値を高める働きかけをすることです。例えば、挨拶や笑顔、ほめる、話しかける、目礼、ねぎらう、情報を知らせる、信頼するなどがプラスの働きかけをします。

逆に相手の存在や価値を軽視したり、無視したりする働きかけは、不快な接客となります。例えば、皮肉やいやみ、無視、冷笑、顔をしかめる、目をそらす、無関心等々です。

このようなマイナスの働きかけを無意識のうちにお客様にしていないかどうチェックしてみましょう。

◆我以外皆我師の心がけで

自分の姿や行動は、自分では見ることができません。しかし、他人の行動はよく目に入ります。「人の振りを見て、我が振り直せ」のことばのように、良くも悪くも人様から学べることは多いものです。

まず、他人の行動や考えから良いところを見つけだす癖を付けましょう。接客、包装、掃除の仕方など、良いところを見つけだそうと思いながら先輩や仲間のやり方を見ていると、いろいろなことに気づきます。ときには、悪いところが目につく場合もありますが、それは反面教師として学びましょう。

良いところを気がつくというのは、何も知らないよりもレベルが上がったことになります。次に真似をしてみましょう。これをモデル法といいますが、何回か真似をしているうちに、やがて自分のものとなります。

自店だけでなく、他店を見学にいくことも良い刺激になります。テーマを決めて、お客様のつもりで入店すると、通常とは違った視点から気がつくことが多々あります。

接客には最終ゴールはありません。毎日一人一人のお客様を大切にしていくことが実績となります。日々研鑽です。

付録

接客力、販売力アップのための総合力セルフチェックシート

★後ページのチェックリストの得点数を書き込み、接客力、販売力のバランスをチェックして下さい。

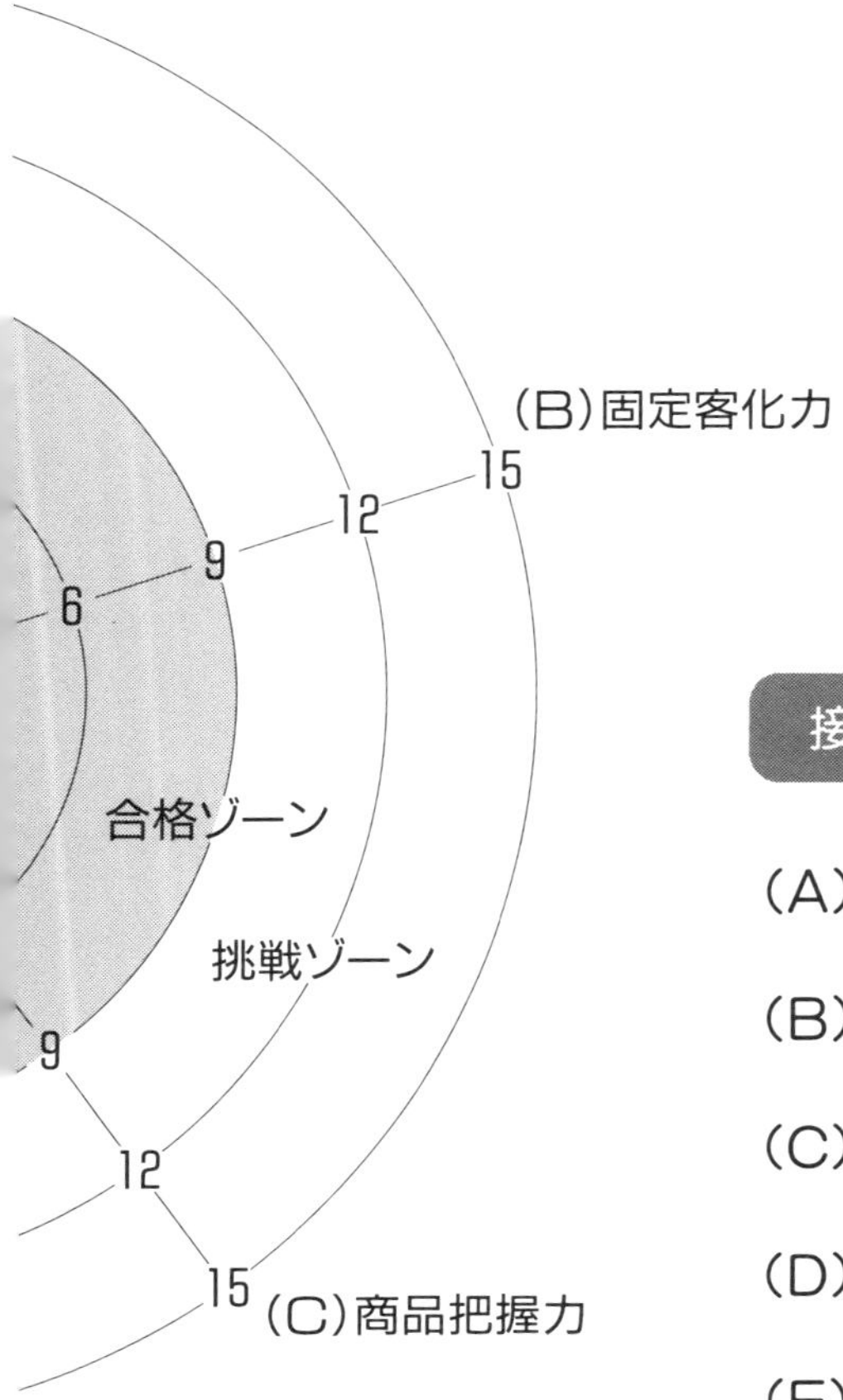

接客販売力

＝

(A)顧客対応力

×

(B)固定客化力

×

(C)商品把握力

×

(D)売場表現力

×

(E)仕事適応力

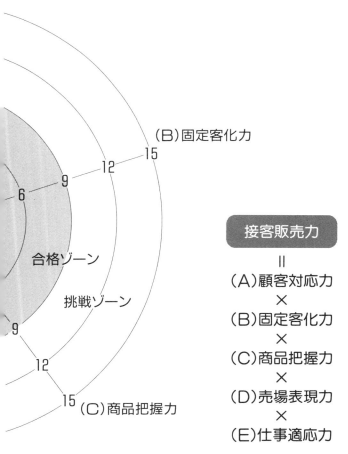

バランスがとれていますか?

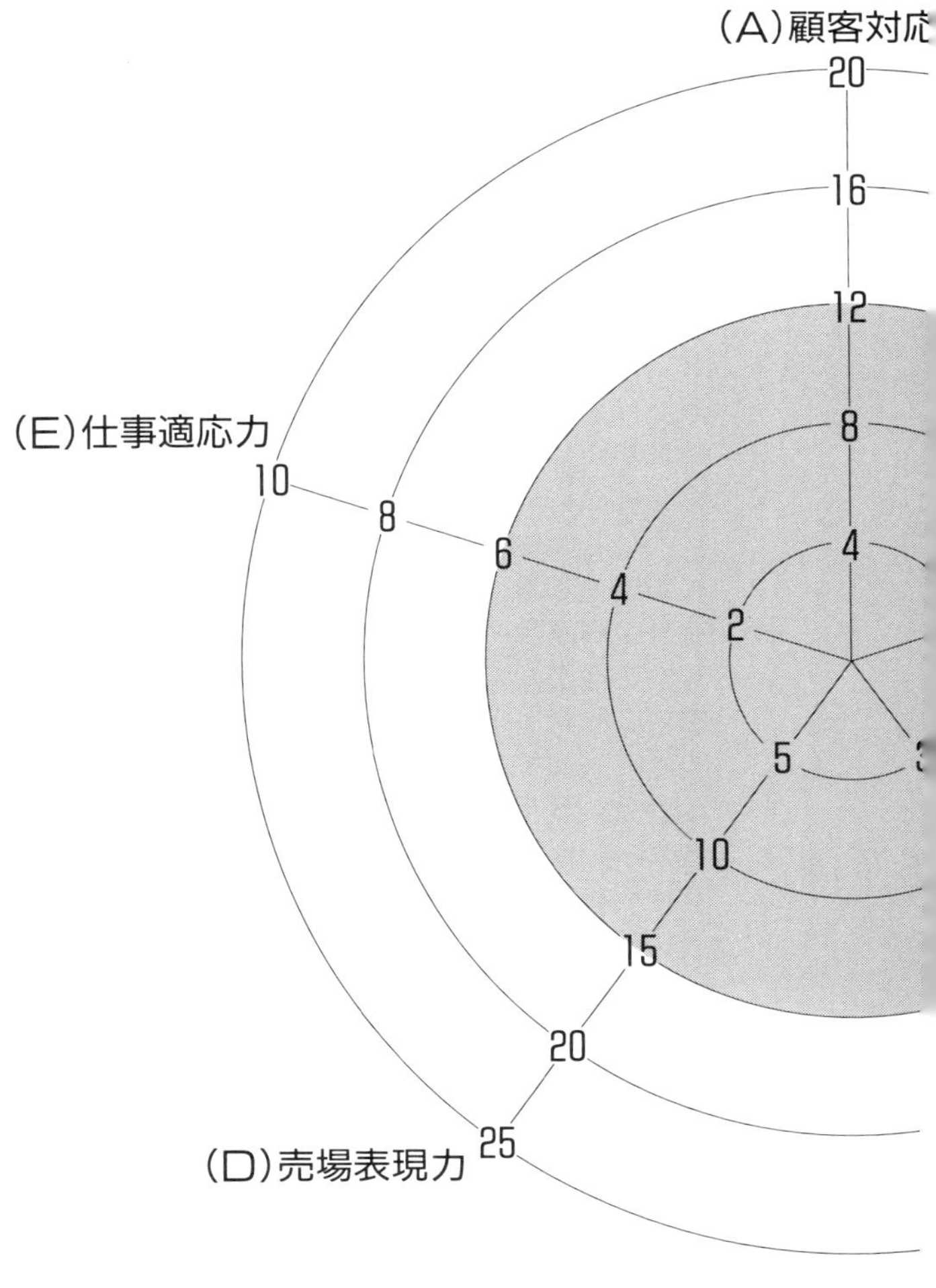

(A)顧客対応力チェックポイント20

① 明るいあいさつ、正しいことば遣いができる
② 清潔な服装と身だしなみを心がけている
③ 販売の３Ｓ（スマイル、スピード、誠意）を心がけている
④ 私語、雑談はつつしんでいる
⑤ 社内、売場の清掃、整理、整頓ができている
⑥ 金銭授受が基本どおりできる
⑦ お金も商品も大切に扱っている
⑧ 商品にあった並べ方ができる
⑨ 包装が正しくできる
⑩ お客様の心の動きがつかめる
⑪ いろいろなお客様のタイプにあわせ臨機応変に対応できる
⑫ 充分な商品説明ができる
⑬ 苦情処理がスムーズにできる
⑭ 接客応酬話法ができる
⑮ 関連販売ができる
⑯ お客様の顔と名前をおぼえる努力をしている
⑰ 自分の売場以外のことを聞かれても納得のいく説明ができる
⑱ 代替品の販売ができる
⑲ 値引の応対が上手にできる
⑳ 万引発見時の対処が上手にできる

(B)お客様つくり固定化のチェックポイント15

① お客様に販売員の名前をおぼえてもらう努力をしているか
② お客様の顔をおぼえる努力をしているか
③ お客様の顔と名前が一致するか
④ お客様をひとことほめたり、喜んでもらえるよう努力しているか
⑤ お客様名簿を作っているか
⑥ お客様名簿が活用できるようになっているか
⑦ お客様の趣味、家族構成、住所がわかるか
⑧ お客様の苦情を分析し、固定客づくりにつなげているか
⑨ お客様の情報をメモにとり、自店の政策に反映させているか
⑩ 固定客の足が遠のいた時、その分析をしているか
⑪ DM、挨拶状、TELなど利用してタイミングよくアプローチやフォローをしているか
⑫ お客様との信用第一、約束を守っているか
⑬ お客様の得になる情報を提供しているか
⑭ お客様の好みを知る努力をしているか
⑮ 1回1回の販売、1人1人のお客様を大切にしているか

(C)商品をよく売るためのチェックポイント15

① 取扱い商品の陳列場所を知っているか
② 商品の分類を知っているか
③ 整理整頓をいつもしているか
④ お客様がよく手にとる商品を知っているか
⑤ その週よく売れた商品を３ツ以上知っているか
⑥ 不振商品はどれか把握しているか
⑦ １日１回売場を回り、汚損、破損商品をみつけているか
⑧ 品切れ予防のため、在庫チェックをしているか
⑨ 競合店をよく見にいき、自店と比較しているか
⑩ 季節商品の情報を身につけているか
⑪ 新商品の情報を身につけているか
⑫ 売場で商品情報の提供をしているか
⑬ 商品がイキイキする陳列を心がけているか
⑭ 今日の予算を自分の行動におき換えているか
⑮ 今日売りたいもの、売らねばならないものを把握しているか

(D)売場づくりのチェックポイント25

① 床面はきれいに掃除してあるか
② 特に出入口付近は新鮮な感じを与えているか
③ ショーケースなどのガラスが汚れていないか
④ 商品の上のほこりは払ってあるか
⑤ レジカウンターまわりは整理されているか
⑥ 伝票、メモなどの事務用品はそろっているか
⑦ 包装用品はととのっているか
⑧ 照明は適当か、スポットライトは正しく当たっているか
⑨ POPは適時なものが正しい位置についているかどうか
⑩ 陳列ケース内に歯抜けはないか
⑪ 商品は見やすい方向にならべてあるか
⑫ ストック商品は正しく分類され、しかも取りやすいか
⑬ セールススペースには今売りたいものがあるか
⑭ 不安定な陳列はないか
⑮ 商品の豊富感があるか
⑯ 季節感の演出があるか
⑰ お客様が喜ぶ情報があるか
⑱ 安さ、お買得感の演出はあるか
⑲ 色づかいなど暖かみのある売場か
⑳ リズム感はあるか
㉑ 見せ場と売場の区別があるか
㉒ 導入口は入りやすい陳列か
㉓ 小道具の活用は充分か
㉔ 商品分類は適当か
㉕ 夢・あこがれを提供しているか

(E)効率的な仕事の進め方チェックポイント10

① １日の仕事の手順を把握しているか
② １日のスタート前に仕事の優先順位をつけているか
③ 時間配分を考えて仕事をしているか
④ 今日の仕事は持ちこさないという意識を持っているか
⑤ 全体の動きをとらえて、自分が働いているか
⑥ チームワークよく、互いに補完しあって仕事をしているか
⑦ ホウレンソウ（報告、連絡、相談）を心がけているか
⑧ 仕事に集中できるよういつも健康管理をしているか
⑨ 5W1Hを考えて仕事をしているか
⑩ 予測を立てながら仕事をしているか

《著者紹介》

山田みどり

東京生まれ。中央大学文学部卒。ファッションメーカーを経て、昭和47年㈱船井総合研究所入社。マーケティング及びマネージメント分野に従事。平成元年人材育成コンサルタントとして独立。

●専門分野

人材育成に関するコンサルティング、企画、研修、講演、執筆など。

●仕事内容

意欲開発のための仕組み作り、マニュアル・研修ビデオなどのツール作成。新入社員・女性の能力開発、CS（顧客満足）研修、コミュニケーション強化研修など。

●著書

「この人から買いたい」と思わせるプロの接客（日本実業）
「もう一度行きたい」と思わせる飲食店プロの接客（日本実業）
お客様に信頼されるプロ店員の話し方（日本実業）

●連絡先

メール　yamada@y-m-ing.com
TEL　090-9241-7605
FAX　03-3964-2867
HP　http://www.y-m-ing.com

おもてなしの心を大切に

ワクワク接客講座 24ポイント

定価 700円（税別）

1998年10月1日第1刷発行
2016年6月15日第7刷発行

著者／山田みどり
発行者／金子恵里子
発行所／㈱製菓実験社
〒140-0004　東京都品川区南品川2-13-11
☎03(3471)7541・FAX03(3471)7604
印刷所／㈱平河工業社

所属部課	氏　名